# REMUNERAÇÃO, SALÁRIO, CARGOS E FUNÇÕES

Joaquim Carlos Lourenço

Edição do autor, 2021

## Ficha catalográfica

Lourenço, Joaquim Carlos

Remuneração, salário, cargos e funções / Joaquim Carlos Lourenço – 1ª Ed. – Campina Grande — PB: Independente, 2021. 104p.; A5

ISBN 979-87-25618-10-5

Apesar dos melhores esforços do autor, é inevitável que surjam erros no texto. Logo, são gratificantes as considerações de usuários sobre correções ou sugestões referentes ao conteúdo ou ao nível pedagógico que auxiliem o aprimoramento de edições futuras.

# REMUNERAÇÃO, SALÁRIO, CARGOS E FUNÇÕES

# APRESENTAÇÃO

A remuneração é todas as vantagens monetárias e benefícios oferecidos pelo empregador ao empregado pelo seu trabalho, seja para execução de atividades que requerem a força física, habilidade científica, artística ou intelectual, por um período de tempo determinado ou não, previamente acordado entre as partes.

Nessa perspectiva, a presente obra apresenta o conceito de remuneração e suas modalidades, a definição de salário e os principais tipos de salários existentes no Brasil, além da caracterização de cargos e funções. Empenha-se, assim, em apresentar um enfoque original sobre o conceito de remuneração, salário, cargos e funções, atualizado com base na reforma trabalhista de 2017 (Lei nº 13.467/17).

O livro foi inspirado de um artigo desenvolvido no curso de graduação em Administração. A ideia de publicá-lo como livro surgiu da repercussão positiva do conteúdo do artigo, com diversas citações acadêmicas, além de feedbacks de leitores, que evidenciaram a carência de uma bibliografia consolidada sobre este tema, tão comum na rotina de gestores de recursos humanos, analista trabalhista, entre outros.

Ademais, a forma holística como o tema é tratado e correlacionados com outros complementares, facilita a compreensão. Trata-se de uma obra sucinta, mas com conteúdo consistente, indicada para complementar os conhecimentos de executivos, gestores de recursos humanos, analista trabalhista, administradores, contadores, CEOs, empresários, analistas do trabalho estrangeiros, bacharéis em direito, acadêmicos em geral, associações e sindicatos setoriais, entidades diversas e os leitores interessados em conhecer os aspectos da remuneração e salário.

Para facilitar a discussão da temática, os assuntos abordados foram divididos em quatro partes. A primeira parte traz uma discussão sobre o conceito de remuneração e dos tipos existentes. Na segunda parte aborda as modalidades da remuneração e os tipos de jornada de trabalho. Na terceira parte é apresentado a definição salário e os tipos de salários praticados no Brasil. Na quarta parte são elencados aspectos sobre cargos e funções, além da conceituação de profissões. E, por último, as considerações finais.

# SUMÁRIO

**Dedico**

a infinidade do conhecimento.

*A felicidade não está no dinheiro,*
*mas no valor que damos a ele.*

# 1

# REMUNERAÇÃO

Remuneração é o conjunto de retribuições recebidas habitualmente pelo empregado pela prestação de serviços, seja em dinheiro ou em utilidade, provenientes do empregador ou de terceiros, mas decorrentes do contrato de trabalho, de modo a satisfazer suas necessidades básicas e de sua família [04].

Para Lopes (2004) remuneração é todo provento legal e habitualmente auferido pelo empregado em virtude do contrato de trabalho, se pago pelo empregador, seja pago por terceiro, mas decorrentes do contrato de trabalho.

Pode-se dizer que a remuneração é composta pelo salário direto, o salário indireto e a remuneração variável onde melhor se situa a participação nos lucros ou resultados. A remuneração é o conjunto de retribuições recebidas pelo empregado pela prestação de serviços, de modo a complementar o seu salário.

Vale lembrar que, durante a licença maternidade, paternidade ou licença ao adotante, os empregados terão direito à remuneração normal, sem descontos de dias não trabalhados, exceto algumas que dependem da execução do trabalho para ser calculadas e/ou recebidas, como a hora extra e a gorjeta.

## SALÁRIO É SEMPRE REMUNERAÇÃO, MAS REMUNERAÇÃO NEM SEMPRE É SALÁRIO

Salário é sempre remuneração, mas remuneração nem sempre é salário, isto porque existem também remunerações chamadas in natura, que são aquelas onde o empregado recebe bens ou serviços como parte da contrapartida de seu trabalho.

O caseiro que reside nas dependências do empregador, por exemplo, tem uma parte de sua remuneração total que não é salário e sobre a qual não incidem encargos sociais. Assim, por exemplo, acontece quando se fornecem benefícios como seguro-saúde, ticket de auxílio para refeições, clubes de vantagens, auxílio para qualificação profissional, etc.

Além dos benefícios pagos aos empregados como remuneração, o empregador pode oferece também outras vantagens negociadas entre as partes, podendo ser em valores monetários ou qualquer tipo de benefício estabelecido para remunerar o trabalho do empregado.

A remuneração variável traz algumas vantagens e desvantagens para o empregador, com vantagens segundo Araújo (2006), ela ajusta a remuneração às diferenças individuais e ao alcance das metas e resultados e quando necessário aplica remunerações adicionais, funciona como um fator motivacional, pois, favorece o desenvolvimento pessoal e profissional dos trabalhadores.

Como vantagens, a remuneração variável pode ainda turbinar os resultados e o alcance dos objetivos da empresa, permite uma autoavaliação e não produz impactos sobre os custos fixos da empresa.

Quanto às desvantagens, ela requer certa desestruturação da administração, que desestabiliza as estruturas salariais lógicas e rígidas, reduz o controle centralizado dos salários, podendo provocar queixas dos empregados não beneficiados.

Isso não significa que a remuneração fixa seja pior para as empresas, cada tipo tem suas especificidades peculiares, por isso, independente da forma escolhida, está deve estar descrita em contrato de trabalho, para evitar quaisquer inconveniências futuras entre empregado e empregador, pois para efeitos legais, o que vale é descrito no contrato, conquanto esteja conforme o direito do trabalho.

A remuneração variável, quando praticada sem contrato trabalhista formal ou não, pode ser paga por diárias, em períodos semanais, quinzenais, mensais e/ou turnos de horas, como os plantões médicos, performance de profissionais do sexo, personal trainer, professores particulares, aulas de autoescolas veiculares, consultas de psicólogos e psiquiatras.

O modelo de remuneração escolhido pelo empregador, para efeitos jurídicos legais, quando celebrado entre empregado, deve constar em contrato todas as formas aplicadas a atividade profissional do empregado, e que seja condizentes com as tarefas executadas.

Quando o empregado é contratado para desempenhar uma função, e sem alteração de sua remuneração, e/ou acordo prévio passa a ocupar outra, se configura como o desvio de função, podendo inclusive ser considerado pela justiça do trabalho como acúmulo de função, sujeito a multa e o pagamento pelo empregador de todas as diferenças salariais do período correspondente.

Exemplificando, suponhamos que um trabalhador seja contratado para exercer a função de técnico de processos e, a partir do ano seguinte, passou a ser supervisor, sem a devida alteração na Carteira de Trabalho e sem receber nada mais por isso, existe o desvio de função. O desvio de função ainda pode acontecer quando se atribui ao trabalhador carga horária qualitativamente superior a contratada, sem o pagamento correspondente pelas horas extras.

Conforme o art. 457 da CLT (1943): – compreendem-se na remuneração do empregado, para todos os efeitos legais, além do salário devido e pago diretamente pelo empregador, como contraprestação do serviço, as gorjetas que receber. O § 1º – Integram o salário não só a importância fixa estipulada, como também as comissões, percentagens, gratificações ajustadas, diárias para viagens e abonos pagos pelo empregador [04].

Não obstante, segundo o § 2º da Lei n.º 1.999/1953 – não se incluem nos salários as ajudas de custo, assim como as diárias para viagem que não excedam de 50% (cinquenta por cento) do salário percebido pelo empregado.

Outros valores também podem ser remuneração sem ser salário, as gorjetas, por exemplo, cobradas pelo empregador na nota de serviços ou oferecidas espontaneamente pelos clientes, integram a remuneração do empregado, mas não é salário.

Sobre esse tipo de remuneração também podem incidir os encargos sociais do contrato de trabalho, sejam previdenciários ou aqueles pagos diretamente ao trabalhador, como férias e 13º salário.

Mas, conforme a Súmula 354 do Tribunal Superior do Trabalho (TST, 2007), não serve de base de cálculo para as parcelas de aviso prévio, adicional noturno, hora extra e repouso semanal remunerado.

Nesse sentido, o empregador deve tomar especial cuidado em monitorar a média de ganhos variável do empregado para fazer o cálculo certo na hora de pagar. Por outro lado, ele também precisa conhecer os tipos de remuneração existentes.

## 1.1 Tipos de remuneração existentes

A remuneração justa deve englobar todos os benefícios previstos em lei, e ser suficiente para satisfazer as necessidades básicas do empregado e de sua família.

Quando são bem remunerados, os empregados sentem-se mais valorizados e melhor desempenham suas funções, maximizando a sua contribuição individual para o sucesso da organização e cumprimento das metas estabelecidas.

À vista dessas questões, adotar a remuneração estratégica é uma forma de obter maior vínculo entre a empresa e seus colaboradores.

Segundo Minamide (2014) os principais tipos de remuneração existentes são: remuneração funcional, salário indireto, remuneração por habilidades, remuneração por competências, remuneração variável, participação acionária e por alternativas criativas. Veja a seguir a definição dos termos:

## Remuneração funcional

Conhecido popularmente como PCS (Plano de Cargos e Salários) é um dos sistemas de remuneração mais tradicional entre os existentes no país, e o mais usual nas empresas em geral, principalmente nas organizações públicas.

Um sistema de remuneração funcional é composto de: descrição de cargo, avaliação de cargos, faixas salariais, política para administração dos salários e níveis e classes funcionais. Para melhor entendimento de cada conceito, trataremos desse assunto em um tópico mais adiante.

## Salário indireto

Conhecido popularmente como benefícios oferecidos pelas empresas aos seus empregados, representando muitas vezes, uma parcela considerável da remuneração total.

Nos benefícios praticados encontram-se o automóvel, empréstimo financeiro, assistência médica, previdência privada, estacionamento, auxílio-doença, auxílio farmácia, assistência odontológica, auxílio-funeral, aluguel de casa, clube recreativo, transporte, alimentação, auxílio-creche, cursos em geral e outros.

Normalmente, os benefícios são oferecidos aos empregados sem opção de escolha e muitas vezes os benefícios oferecidos pela empresa não agregam valor para os empregados.

## Remuneração por habilidades

É paga em função do conhecimento ou habilidades profissionais certificadas. Podemos definir a habilidade como o conjunto de conhecimentos que podem ser formalmente aprendidos mais aptidão pessoal, exemplificando: uma pessoa que frequenta um curso de liderança adquirirá conhecimentos sobre o assunto, mas isso não garante que se tornará um líder nato, é necessário que tenha aptidão pessoal para isso.

De acordo com Chiavenato (2006) este tipo de plano pode ser distribuído de duas formas: planos baseados no conhecimento e baseados em multihabilidades. Negociação; comunicação; trabalho em equipe; orientação para resultados e persuasão são exemplos de habilidades.

No sistema de remuneração por habilidades, os aumentos salariais estão vinculados a um processo de certificação, ou seja, os empregados necessitam demonstrar o domínio dos conhecimentos exigidos para desempenho das funções inerentes ao cargo.

## Remuneração por competências

É mais aplicável aos níveis gerenciais e sua implementação exige mudanças no modelo de gestão e no estilo gerencial, ao mesmo tempo em que funciona como um catalisador dessas mudanças.

Esse sistema de remuneração passou a ser interessante em função de diversos fatores, tais como: o crescimento do setor de serviços na economia, aumento da demanda de profissionais qualificados, necessidade de conhecimento intensivo nas empresas em geral, implantação de sistemas mais flexíveis e redução de estruturas hierárquicas rígidas, e a popularidade do conceito de competência.

## Remuneração variável

É o conjunto de diferentes formas de recompensa oferecidas aos empregados, complementando a remuneração fixa e atrelando fatores como atitudes, desempenho e outros com o valor percebido do empregador.

A remuneração por resultados e participação acionária são duas formas de remuneração variável e estão vinculadas ao desempenho. Os objetivos da remuneração variável são – criação de vínculos entre o desempenho e a recompensa, compartilhamento dos resultados da empresa e transformação do custo fixo em variável.

## Participação acionária

Pode gerar a organização e funcionários, bons resultados a médio e longo prazo, quando bem projetada. É um dos sistemas de remuneração mais complexo e sofisticado do conjunto de remuneração estratégica.

Os empregados passam a sentir-se proprietários da empresa, focando uma relação de longo prazo e os mesmos passam a ter um senso de identidade, comprometimento e orientação para resultados. Contudo, é necessário um projeto muito bem elaborado para a implantação de um plano de participação acionária, já que a mesma pode apresentar desvantagens.

## Alternativas criativas

São maneiras de remuneração que promovem um vínculo imediato entre o fato gerador e o reconhecimento. O reconhecimento, *feedback* e orientação é muito importante, pois existe uma relação muito grande entre a motivação, recompensa e desempenho.

Existem quatro tipos de reconhecimento – social (agradecimento público, cartas de reconhecimento, jantares de comemoração e outros), simbólico (passagens de avião, convites para teatro, etc.), relacionado ao trabalho (promoção, participação em projetos especiais, etc.) e financeiro (bônus, ações da empresa, prêmios especiais e outros).

## 1.2 Remuneração no setor público

Nas organizações públicas a política de remuneração é regida pela Constituição, leis, normas e plano de cargos e carreiras. Diferentemente do setor privado, a gestão da remuneração no setor público pode ser indicada como um fator crítico e burocrático.

Apesar das reformas administrativas em curso na administração brasileira desde meados da década de 1990, ainda se verifica na administração pública um conjunto de dificuldades e distorções em torno da questão remuneratória, aspectos estes que por vezes têm sido tratados como inerentes ao sistema burocrático, insolúveis, que no geral chega ser engessado e até negligenciados em alguns quesitos.

Sem desmerecer os esforços governamentais para modernizar o seu aparelho administrativo e seus agentes, criando algumas condições para a emergência de um novo sistema de remuneração no âmbito desse setor. Os resultados alcançados quanto a remuneração, no entanto, não são assertivos, prevalecendo o privilégio de algumas classes e setores em detrimento de outras.

Segundo Bergue (2007) são comuns na administração pública, grandes desequilíbrios remuneratórios que, dentre outras implicações, é capaz de, em casos extremos, comprometer a geralmente frágil harmonia das relações funcionais no ambiente organizacional. Insatisfações profissionais que alcançam os estratos menos favorecidos pela condição de desequilíbrio decorrem, em geral, de frustrações que reforçam o ciclo de percepção de desprestígio profissional ou mesmo pessoal.

Para o serviço público brasileiro, referente a remuneração, a Constituição de 1988 traz diretrizes básicas de composição, especificadas no artigo 39, tais como o somatório de diferentes componentes (salário, os adicionais – periculosidade, insalubridade, férias, etc.), as gratificações, entre outros.

A Constituição brasileira define o teto da remuneração do funcionalismo público com base no artigo 37, que em seu inciso XI preceitua que: a lei fixará o limite máximo e a relação de valores entre a maior e a menor remuneração dos servidores públicos, observados, como limites máximos e no âmbito dos respectivos poderes, os valores percebidos como remuneração, em espécie, a qualquer título, por membros do Supremo Tribunal Federal e seus correspondentes nos Estados, no Distrito Federal e nos municípios.

Assim como existe o teto da remuneração do funcionalismo público, tem-se também um valor mínimo que um funcionário público pode receber, pela lei, nenhum funcionário público deve receber por 40 horas semanais trabalhadas, menos de um salário mínimo, ou maior que o salário de um Ministro do Supremo Tribunal Federal, que é considerado como o teto máximo de remuneração do funcionalismo público no país.

Contudo, o próprio texto constitucional não deixa clara a questão das verbas indenizatórias, constituídas por auxílios, férias, abonos, etc., o que acabou gerando uma brecha na lei para o fenômeno dos "supersalários", já que esses auxílios deixaram de ser contabilizados como remuneração, para efeitos do teto constitucional.

Atualmente, diga-se para registro, no ano de 2020, o teto é de R$ 39,2 mil, valor correspondente ao salário de um ministro do Supremo Tribunal Federal (STF), mas a farra dos supersalários estão descancarados por todo país, sobretudo, na magistratura (Tribunais Federais, Tribunais de Justiça dos Estados, Tribunais Militares estaduais, Tribunais

Superiores e cortes trabalhistas), advocacia pública, no ciclo de gestão, na Receita Federal e na diplomacia.

No Tribunal de Justiça do Mato Grosso do Sul, por exemplo, a remuneração média é de R$ 61,1 mil, ou seja, eles recebem cerca de R$ 21,9 mil em verbas indenizatórias. Outro exemplo é do auxílio-moradia dado aos juízes federais, que pode ser de até R$ 4.377,73, segundo o Conselho Nacional de Justiça (CNJ, 2018).

Um levantamento feito pelo jornal Folha de São em 2020, revelou que entre setembro de 2017 e abril de 2020, mais de 8 mil juízes receberam acima de R$ 100 mil por mês, somando os seus salários com as verbas indenizatórias. Cerca de 0,23% dos servidores públicos têm rendimentos superiores ao teto, sendo que essas despesas geram um custo de R$ 2,6 bilhões por ano aos cofres públicos.

A lei federal nº 8.112 de 1990, em seu artigo 41, ressalta que a remuneração para os servidores públicos é o vencimento do cargo efetivo e todas as vantagens pecuniárias estabelecidas em lei, sendo os tipos de vantagens remuneratórias mais comuns: I) indenizações; II) gratificações; e III) adicionais.

As indenizações não se incorporam ao vencimento ou provento para qualquer efeito. Já as gratificações e os adicionais incorporam-se ao vencimento ou provento, nos casos e condições indicados em lei. As vantagens pecuniárias não serão computadas, nem acumuladas, para efeito de concessão de quaisquer outros acréscimos pecuniários ulteriores, sob o mesmo título ou idêntico fundamento.

As indenizações pagas ao servidor constituem-se em: ajuda de custo; diárias; auxílio-moradia; e gastos com transporte. Os valores das indenizações estabelecidas nos incisos I a III do art. 51, assim como as condições para a sua concessão, são estabelecidos em regulamentos dos entes federados, suas autarquias, empresas públicas e fundações.

A ajuda de custo destina-se a compensar as despesas de instalação do servidor que, no interesse do serviço, passar a ter exercício em nova sede, com mudança de domicílio em caráter permanente. As diárias são concedidas ao servidor que, a serviço, afastar-se da sede em caráter eventual ou transitório para outro ponto do território nacional ou exterior, para jus a passagens e diárias destinadas a indenizar as parcelas de despesas extraordinária com pousada, alimentação e locomoção urbana, conforme dispuser em regulamento.

A lei 8.112 em seu Art. 60 diz que: Conceder-se-á indenização de transporte ao servidor que realizar despesas com a utilização de meio próprio de locomoção para a execução de serviços externos, por força das atribuições próprias do cargo, conforme se dispuser em regulamento.

O auxílio-moradia consiste no ressarcimento das despesas comprovadamente realizadas pelo servidor com aluguel de moradia ou com meio de hospedagem administrado por empresa hoteleira, no prazo de um mês após a comprovação da despesa pelo servidor. Não conceder-se-á o auxílio-moradia caso exista imóvel funcional disponível para uso pelo servidor.

Além do vencimento e das vantagens previstas nesta Lei, serão deferidos aos servidores as seguintes retribuições, gratificações e adicionais: retribuição pelo exercício de função de direção, chefia e assessoramento; gratificação natalina; adicional pelo exercício de atividades insalubres, perigosas ou penosas; adicional pela prestação de serviço extraordinário; adicional noturno; adicional de férias;

outros, relativos ao local ou à natureza do trabalho; e gratificação por encargo de curso ou concurso.

Ao servidor ocupante de cargo efetivo investido em função de direção, chefia ou assessoramento, cargo de provimento em comissão ou de Natureza Especial é devida retribuição pelo seu exercício. Uma Lei específica estabelece o valor da remuneração dos cargos em comissão.

A gratificação natalina corresponde a 1/12 (um doze avos) da remuneração a que o servidor fizer jus no mês de dezembro, por mês de exercício no respectivo ano. O servidor exonerado perceberá sua gratificação natalina, proporcionalmente aos meses de exercício, calculada sobre a remuneração do mês da exoneração, inclusive a fração igual ou superior a 15 (quinze) dias será considerada como mês integral.

Os servidores que trabalhem com habitualidade em locais insalubres ou em contato permanente com substâncias tóxicas, radioativas ou com risco de vida, fazem jus a um adicional sobre o vencimento do cargo efetivo. O servidor que fizer jus aos adicionais de insalubridade e de periculosidade deverá optar por um deles. O direito ao adicional de insalubridade ou periculosidade cessa com a eliminação das condições ou dos riscos que deram causa a sua concessão.

Haverá permanente controle da atividade de servidores em operações ou locais considerados penosos, insalubres ou perigosos. A servidora gestante ou lactante será afastada, enquanto durar a gestação e a lactação, das operações e locais previstos neste artigo, exercendo suas atividades em local salubre e em serviço não penoso e não perigoso.

Na concessão dos adicionais de atividades penosas, de insalubridade e de periculosidade, serão observadas as situações estabelecidas em legislação específica. O adicional de atividade penosa será devido aos servidores em exercício em zonas de fronteira ou em localidades cujas condições de vida o justifiquem, nos termos, condições e limites fixados em regulamento. Os locais de trabalho e os servidores que operam com Raios X ou substâncias radioativas serão mantidos sob controle permanente, de modo que as doses de radiação ionizante não ultrapassem o nível máximo previsto na legislação própria.

O serviço extraordinário será remunerado com acréscimo de 50% (cinquenta por cento) em relação à hora normal de trabalho. Somente será permitido serviço extraordinário para atender a situações excepcionais e temporárias, respeitado o limite máximo de 2 (duas) horas por jornada.

O serviço noturno, prestado em horário compreendido entre 22 (vinte e duas) horas de um dia e 5 (cinco) horas do dia seguinte, terá o valor/hora acrescido de 25% (vinte e cinco por cento), computando-se cada hora como cinquenta e dois minutos e trinta segundos. Em se tratando de serviço extraordinário, o acréscimo de que trata este artigo incidirá sobre a remuneração prevista no art. 73.

Independentemente de solicitação, será pago ao servidor, por ocasião das férias, um adicional correspondente a 1/3 (um terço) da remuneração do período das férias. No caso de o servidor exercer função de direção, chefia ou assessoramento, ou ocupar cargo em comissão, a respectiva vantagem será considerada no cálculo do adicional de que trata este artigo.

A gratificação por encargo de curso ou concurso é devida ao servidor que, em caráter eventual:

i. atuar como instrutor em curso de formação, de desenvolvimento ou de treinamento regularmente instituído no âmbito da administração pública federal;

ii. participar de banca examinadora ou de comissão para exames orais, para análise curricular, para correção de provas discursivas, para elaboração de questões de provas ou para julgamento de recursos intentados por candidatos;

iii. participar da logística de preparação e de realização de concurso público envolvendo atividades de planejamento, coordenação, supervisão, execução e avaliação de resultado, quando tais atividades não estiverem incluídas entre as suas atribuições permanentes; e

iv. participar da aplicação, fiscalizar ou avaliar provas de exame vestibular ou de concurso público ou supervisionar essas atividades.

Os critérios de concessão e os limites da gratificação de que trata este artigo são fixados em regulamento, observados os seguintes parâmetros: I - o valor da gratificação será calculado em horas, observadas a natureza e a complexidade da atividade exercida; II - a retribuição não poderá ser superior ao equivalente a 120 (cento e vinte) horas de trabalho anuais, ressalvada situação de excepcionalidade, devidamente justificada; III - o valor máximo da hora trabalhada corresponderá a percentuais incidentes sobre o maior vencimento básico da administração pública federal.

A gratificação por encargo de curso ou concurso somente será paga se as atividades referidas forem exercidas sem prejuízo das atribuições do cargo de que o servidor for titular, devendo ser objeto de compensação de carga horária quando desempenhadas durante a jornada de trabalho.

A gratificação por encargo de curso ou concurso não se incorpora ao vencimento ou salário do servidor para qualquer efeito e não poderá ser utilizada como base de cálculo para quaisquer outras vantagens, inclusive para fins de cálculo dos proventos da aposentadoria e das pensões.

O servidor fará jus a trinta dias de férias, que podem ser acumuladas, até o máximo de dois períodos, no caso de necessidade do serviço, ressalvadas as hipóteses em que haja legislação específica. Para o primeiro período aquisitivo de férias serão exigidos 12 (doze) meses de exercício. O pagamento da remuneração das férias, correspondente a 1/3 (um terço) do salário, será efetuado até 2 (dois) dias antes do início do respectivo período.

Para os funcionários de empresas privadas ou de empresas públicas contratados com base na CLT, a remuneração contempla o salário pago diretamente ao empregado e as gorjetas que receber, além dos auxílios de subsídios para manutenção do profissional no cargo, como vale-transporte, vale-alimentação, plano de saúde, entre outros.

A implantação de um sistema de remuneração estratégica ou variada depende da política organizacional de cada empresa, geralmente os programas mais modernos de remuneração são implantados em organizações multinacionais e nas empresas com gestão empresarial profissional e inovadora. Não obstante, além dos tipos de remuneração, estas são subdivididas em modalidades.

# 2

# MODALIDADES DA REMUNERAÇÃO

Atualmente, os administradores de cargos e salários tratam a remuneração não como uma despesa da empresa, mas como um instrumento coadjuvante da estratégia da empresa.

Consequentemente, os programas de remuneração existentes nas empresas conglomeram diversas modalidades de remuneração, sendo as principais as seguintes modalidades: prêmios; adicionais; salário in natura ou salário utilidade; gorjeta e gratificações. Com a reforma trabalhista de 2017, os auxílios, prêmios e abonos deixam de fazer parte da remuneração. Logo, eles vão deixar de ser contabilizados na cobrança de encargos trabalhistas e previdenciários. No entanto, na prática, não significa que estes deixarão de existir. Veja a descrição de cada um:

## Prêmios

São as parcelas alcançadas habitualmente ao empregado sob o título de "prêmio", destinadas a complementar o salário base percebido, têm inequívoca natureza salarial e, como tal, não podem sofrer supressão de pagamento, sem risco de configurar-se alteração contratual unilateral do empregador, lesiva ao empregado e, por isso mesmo, agressiva à lei [18].

## Salário in natura ou salário utilidade

É aquele que se apresenta através do pagamento do salário de forma indireta, no fornecimento de benefícios de forma irregular ou gratuita, por exemplo, alimentação, ticket de auxílio para refeições; vale-transporte, habitação, etc.

À luz da legislação vigente, a alimentação, a habitação, o vestuário ou outras prestações in natura integram-se ao salário do trabalhador quando, por força do contrato de trabalho ou do costume, o empregador as forneça ao empregado [04].

## Gorjetas

Inexiste discriminação legal entre a gorjeta compulsória e a espontânea. Considerando-se que existia rateio habitual da gorjeta, entre os atendentes do restaurante, devemos considerá-la parcela salarial, devendo integrar a remuneração para os fins de direito, conforme a legislação vigente [25].

As gorjetas foram regulamentadas pela Lei da nº 13.419 de 2017, que definiu como teria de ser feito o rateio da cobrança em bares, restaurantes, hotéis e estabelecimentos similares. Como definido, as gorjetas fazem parte de uma receita dos trabalhadores, devendo ser integrada ao seu salário, mesmo quando cobradas pelo empregador.

O trabalhador precisa ficar atento quanto os critérios de custeio e de rateio das gorjetas, já que serão definidos em convenção ou acordo coletivo de trabalho. Conforme a nova lei, as empresas devem formalizar a prática da divisão dos 10% pagos pelos clientes entre o restaurante e funcionários envolvidos no serviço.

Na prática, deve funciona assim: para o empregador inscrito no regime de tributação Simples, poderá reter até 20% dos valores recebidos em gorjetas para o pagamento de encargos trabalhistas e previdenciários, como FGTS, férias e 13º salário; O percentual restante deve ser dividido entre os funcionários. Para a empresa não optante pelo Simples, poderá reter até 33% das gorjetas, sendo os demais 67% destinados aos colaboradores envolvidos.

## Couvert artístico

Adotados por estabelecimentos comerciais de entretenimento, bares e restaurantes, casas noturnas e afins, com música ao vivo, shows, comédia stand up e outros. É um tipo de remuneração, mas é uma prática abusiva segundo o art. 39 do Código de Defesa do Consumidor (Redação dada pela Lei nº 8.884, de 11.6.1994).

Diferentemente da gorjeta que está prevista na CLT (1943), para cobrar o couvert artístico, os estabelecimentos devem informar claramente ao consumidor as regras de funcionamento do estabelecimento e os valores, para que possa haver o direito de escolha antes do efetivo consumo.

Não é ilegal, mas considerado abusivo, já que é cobrado por apresentações artísticas e shows promovidos pelo estabelecimento, e geralmente não faz parte nem é complementar os produtos consumidos.

Na maioria dos casos, não é exposto nos estabelecimentos, que há a cobrança do couvert artístico, quando existe, é colocado no verso do cardápio, e para os menos atentos, a surpresa só vai aparecer na fatura da conta final. Vale lembrar que, para os casos dos estabelecimentos alimentícios com música ao vivo, por exemplo, que existe a cobrança obrigatória do couvert artístico, é preciso oferecer outros espaços para o consumo de quem não deseja pagar.

Como o consumidor não faz parte relação de trabalho estabelecida entre empregado e empregador, poderá, por exemplo, optar por não pagar, mesmo que sua decisão o deixe numa situação constrangedora. O entretenimento é um diferencial competitivo para muitos estabelecimentos alimentícios, e, por isso, alguns têm o valor do couvert artístico elevado, logo, esse custo não pode ser repassado para os consumidores.

## Abonos

O artigo 457 da CLT (1943), especialmente o §
1º, conceitua os abonos pagos pelo empregador como
salário, devendo repercutir nas parcelas remuneratórias.
Há hipóteses, como no caso dos autos, em que a
própria norma que os concede, estabelece a sua não
incorporação para outros efeitos.

Situação, no entanto, que não retira a natureza
salarial dos abonos, apenas impede que os mesmos,
incorporados, sejam devidos após os meses em que
garantidos pela lei. Apelo parcialmente provido [17].

## Gratificação

Mesmo que se considere que a gratificação
percebida pelo empregado se encontra prevista em
norma coletiva de sua categoria profissional, a
habitualidade de sua percepção, nos termos do
entendimento consubstanciado no Enunciado de nº 78
do Colendo TST (2003), enseja sua integração ao
salário, pelo seu duodécimo, para todos os efeitos
legais [21].

## Ajuda de custo

A empresa pode exercer uma atividade econômica que necessite efetuar um pagamento ao empregado a título de ajuda de custo para despesas de viagens. Quando essas despesas são reembolsadas fora da folha de pagamento e através de documento contábil, elas não vinculam à remuneração de salário, independentemente do valor, servindo apenas como transação de atividade externa.

Definido que a parcela tenha natureza jurídica de ajuda de custo, não terá ela seu valor incluído no salário para nenhum efeito, independentemente de exceder 50% do valor dele, uma vez que essa condição só se refere a diárias [20].

## Descanso semanal remunerado

É um valor embutido no salário pelo empregado registrado por quinzena ou mês. Esse valor representa os domingos e feriados não trabalhados no mês, mas pagos na integração do salário.

Quando o empregado passa a perceber além do salário fixo um salário variável, esse valor variável não tem o pagamento do descanso semanal remunerado incluso diretamente, devendo o valor ser calculado nos termos da lei.

## Salário complessivo ou completivo

Consiste na fixação de uma importância fixa ou proporcional ao ganho básico, com a finalidade de remunerar vários institutos adicionais sem possibilidade de verificar-se se a remuneração cobre todos os direitos e suas naturais oscilações, por exemplo, trabalho extraordinário, horário noturno, descanso remunerado etc.

Note-se que, essas formas de salário descritas anteriormente, são nulas, pelos seguintes fundamentos – falta de nexo causa-efeito e transação com direitos futuros; descumprimento do mandamento constitucional de hora noturna superior à diurna; renúncia pelo empregado as horas extras; e descumprimento do pagamento de descanso semanal.

## Adicional de insalubridade

É um adicional instituído conforme o grau de risco existente na empresa e exercido pela função do empregado, podendo variar entre 10% para insalubridade de grau mínimo, 20% para insalubridade de grau médio e 40% para insalubridade de grau máximo, sendo o percentual incidente sobre o salário mínimo da região, conforme a CLT (1943) no art. 192 e Norma Regulamentadora 15 (1978-2019).

O grau de risco é verificado no Código Nacional de Atividade Econômica – CNAE, o qual é atribuído no Cadastro Nacional da Pessoa Jurídica (CNPJ) e confirmado no anexo V do Decreto Regulamentador nº 3.048/1999. O médico do trabalho ou um profissional especializado no tema pode auxiliar na interpretação do grau de risco.

## Adicional de periculosidade

É um adicional específico recebido pelo empregado que trabalha na função de produtos inflamáveis ou explosivos. Sua percentagem é de 30% sobre o salário base, como determina o artigo 193 § 1º da CLT (1943). O médico do trabalho ou um profissional especializado têm importante participação na definição do quadro periculoso.

É de 20% sobre o salário contratual, calculado sobre os serviços prestados após as 22 horas, nos centros urbanos, pago com habitualidade, tomando para cálculo o 13° salário, férias e demais direitos, já que integra a remuneração base (art. 73 § 2º, CLT-1943).

A legislação definiu que 7 (sete) horas noturnas trabalhadas equivalem a 8 horas (CLT, 1943). Destarte, o empregado trabalha 7 (sete) horas, mas recebe como se tivesse trabalhado 8 (oito) horas para todos os fins legais. Essa foi uma forma encontrada pelo legislador para repor o desgaste biológico que enfrenta quem trabalha à noite, sendo considerado um período penoso de trabalho, já que biologicamente, nosso sistema está programado para dormir durante esse período.

A adoção de várias modalidades de remuneração em uma empresa tem por objetivo atender as determinações legais, além de estabelecer contingências reforçadoras, que aumentem a probabilidade de ocorrência de comportamentos classificados como produtivos e competitivos, tão como valorizar as competências individuais, tempo de serviço, nível de qualificação profissional e funções de cada colaborador.

Nesse sentido, os sistemas de remuneração podem ser adequados as características do tipo de mão de obra empregada, podendo desta forma, aplicar até mais de um programa de remuneração, desde que seja viável e aceito pelo trabalhador, tão quanto compatível com os tipos de jornada de trabalho.

## 2.1 Tipos de jornada de trabalho

No direito do trabalho brasileiro, existem seis tipos de escalas de jornada de trabalho autorizadas pela Consolidação das Leis Trabalhistas (CLT), sendo que cada uma delas tem suas regras legais a serem cumpridas pelo empregador e empregado, sem distinção do tipo ou porte da empresa.

As escalas de trabalho existem para determinar as devidas cargas horárias que cada colaborador deve cumprir em suas funções, tal qual seja condizentes com as suas profissões e normas legais. Em síntese, as escalas devem garantir a integridade física e mental do colaborador, ou seja, a jornada de trabalho não deve ser muito longa, para evitar a exposição excessiva às situações insalubres por mais tempo.

Algumas profissões trabalham um dia e folga dois, por exemplo, na escala de trabalho de 24 horas corridas, a cada 24 horas trabalhadas o colaborador tem direito a 48 horas seguidas de descanso. Esse tipo de jornada de trabalho é geralmente aplicada aos cobradores de pedágio ou trabalham em algumas funções da polícia, como a polícia rodoviária e de postos fronteiriços.

A jornada de trabalho pode ainda ter escalas de 12 horas de trabalho seguidas, com 36 horas de descanso, e/ou o colaborador trabalha 18 horas e descansa nas 36 horas seguintes. A jornada de trabalho 12x36 horas, só pode acontecer mediante acordo coletivo, ou seja, um acordo assinado entre colaboradores, sindicatos e a empresa, segundo a Súmula 444 do Tribunal Superior do Trabalho (2012).

Quando a jornada de trabalho 12x36 horas for feita com expediente em dias de feriado, também está garantida a remuneração em dobro, conforme as regras de pagamento de horas extras da empresa.

A escala de trabalho de 18x36 horas é

considerada altamente exaustiva, e, por isso, não indicada, para que ocorra é necessário que haja um acordo coletivo assinado entre colaboradores e empresa. Exemplificando, para um funcionário que trabalhou em uma segunda-feira das 7:00 às 19:00, o próximo dia de trabalho será em uma quarta-feira, também das 7:00 às 19:00 horas.

Para efeito legal, normativo da empresa e legislação específica vigente, o controle da jornada de trabalho deve ser efetivo, ou seja, com o registro da carga horária, seja por quaisquer meios: manual (assinatura na entrada e saída da jornada de trabalho), eletrônico (registro da hora de entra e saída em cartão magnético ou de papel, e/ou fazendo login em sistema) ou biométrico.

Tão importante quanto o registro da carga horária, é os períodos de intervalo, seja para almoço ou descanso, que independente do tipo de escala trabalhada, deve sempre respeitar as determinações da lei, específicas de algumas profissões e cargos. Incorre quando a empresa não cumpre o período de intervalo no expediente, ela corre o risco de ser multada e ter de pagar o valor em dobro ao colaborador.

É imprescindível que as empresas conheçam a legislação trabalhista relacionada ao cumprimento da carga horária de cada tipo de jornada de trabalho, pois caso contrário, se alguma determinação legal for descumprida, esta poderá ser multada e ainda ter de pagar indenizações aos colaboradores.

Com relação aos intervalos, seja para alimentação ou descanso, são determinados conforme a jornada de trabalho, isto é, para uma jornada de 6 horas, por exemplo, deve-se conceder um intervalo de 15 minutos, sem prejuízo as paradas necessárias para idas ao banheiro ou beber água.

Para as jornadas maiores do que 6 horas, é necessário ter o mínimo de 30 minutos de intervalo. O intervalo dentro do expediente também pode ser negociável, desde que se respeite o determina a lei, o mínimo de 30 minutos. Alguns profissionais têm períodos de intervalo diferente, como os digitadores, por exemplo, a cada 90 minutos de trabalho consecutivo, têm direito a intervalos de descanso de 10 minutos.

Quanto as paradas durante a jornada de trabalho, merece destaque as novas mudanças trazidas pela reforma trabalhista de 2017 (Lei nº 13.467), que preceitou que os períodos de intervalo para atividades como descanso, estudo, alimentação, higiene pessoal e troca de uniforme, não devem ser considerados como parte da jornada.

Outra novidade regulamentada pela Lei nº 13.467/2017, foi a não contabilização do tempo de deslocamento que o trabalhador utiliza da sua casa até o trabalho e o retorno, como parte da jornada de trabalho, mesmo que o transporte seja fornecido pela empresa. Logo, quando for de difícil acesso e não servido por transporte público, fica a cargo da empresa o pagamento ao funcionário.

A jornada de trabalho pode ser intermitente, ou seja, com a execução do trabalho em momentos alternados de prestação e de inatividade, em horas, dias ou meses, independentemente do tipo de atividade do empregado e do empregador, exceto para os aeronautas. Dentre as demais, a principal diferença da jornada de trabalho intermitente é a não continuidade da prestação do serviço, ou seja, existe alternância de períodos de prestação de serviços e de inatividade.

Na jornada de trabalho intermitente, o empregador deverá celebrar um contrato de trabalho por prazo determinado ou indeterminado, realizado na forma escrita ou oral, com registro na CTPS do valor do dia ou da hora do trabalho (resguardada a proteção constitucional ao salário mínimo vigente.), com a remuneração do trabalho noturno superior a remuneração do trabalho diurno, com local e prazo para pagamento da remuneração. Ressalta-se que nessa modalidade, o trabalhador contratado terá garantido os direitos trabalhistas.

A jornada de trabalho poderá ser ainda executada de forma remota em home office, ou seja, na residência do próprio empregado, com as despesas relacionadas às funções e equipamentos necessários para o desempenho de suas atividades fornecidos pela empresa, e/ou subsidiados. A reforma trabalhista de 2017 regulamentou essa modalidade de trabalho, além de prevê que todos os gastos realizados pelo trabalhador em sua casa, como equipamentos, energia e internet, serão custeados pelo empregador.

Na modalidade de trabalho home office, todos os procedimentos de contabilização da carga horária da jornada de trabalho ficam sujeitos a disponibilidade do empregador, sendo inclusive este responsável pela implantação, custeio, monitoramento e controle, por meio de tarefas.

A Lei nº 13.467 de 2017 regulamentou ainda a jornada de trabalho parcial, permitindo contratações de 30 horas semanais totais ou 26 horas semanais, com acréscimo de até seis horas extras. Antes eram permitidos contratações com até 25 horas semanais, sem horas extras. Agora, o tempo em que o trabalhador fica à disposição da empresa não é mais válido como jornada de trabalho.

Independente do tipo da jornada de trabalho, cargo ou função, o empregador e empregado devem observar a legislação vigente sobre a execução das atividades laborais de cada profissão, sendo que algumas são indispensáveis para determinar os tipos de remuneração que cada funcionário vai ter, tão como o valor do salário.

# 3

# SALÁRIO

O termo salário deriva do latim *salarium argentum*, e na Idade Antiga era representado pelo "pagamento em sal" – forma primária de pagamento oferecida aos soldados do Império Romano (27 a.C. - 192 d.C.). Com o advento das moedas de ouro e prata no século VII a.c., o salário começou a ser pago em moedas monetárias, cunhada em metais, geralmente em ouro ou prata. Na Idade Média quando surgiu o papel-moeda, esses passaram a ser utilizados para efetuar pagamentos nas trocas comerciais e pela força de trabalho (grifos do autor).

O salário pode ser definido como um conjunto de vantagens financeiras e/ou sociais ofertadas aos empregados, em contraprestação de serviços prestados ao empregador. Todavia, existe um entendimento predominante errôneo que salário e remuneração são sinônimos.

Há uma distinção entre os termos salário e remuneração, a diferença principal está no fato do primeiro está relacionado apenas ao pagamento em dinheiro, e o segundo engloba também as utilidades ou benefícios, como o vale/ticket alimentação, auxílio-moradia, auxílio vestuário, entre outras prestações in natura oferecidas pela empresa.

Segundo a legislação brasileira em vigor, salário é o valor pago como contraprestação dos serviços prestados pelo empregado, enquanto a remuneração engloba este, mais outras vantagens a título de gratificação ou adicionais.

No parágrafo 1º do artigo 457 da CLT (1943), vemos que o legislador nos confunde ao usar o termo "salário" no que seria devido o termo "remuneração". O referido parágrafo pontua que: "integram salário não só a importância fixa estipulada, como também as comissões, percentagens, gratificações ajustadas, diárias para viagens e abonos pagos pelo empregador".

Embora o salário possa se apresentar entre várias figuras do direito trabalhista, se percebe claramente a utilização do termo salário em vez de remuneração. Em algumas organizações públicas, o salário é denominado de proventos ou vencimento, sendo este último a retribuição pecuniária recebida pelo ocupante de cargo público, com valor fixado em lei.

A remuneração geralmente se distingue do salário pela diversidade que está se apresenta. O salário é um termo mais específico, porém segundo Zanotto (2008) "isso ultrapassa somente as questões numerárias, tornando-se uma matéria complexa, pois o salário em muitas vezes é uma soma de valores que representam diversos pagamentos e ressarcimentos, sendo complexa a separação de verbas salariais ou não".

Em termos simplistas podemos dizer que o salário é a recompensa devida e paga pelo empregador diretamente ao empregado pelo seu trabalho prestado. Logo, só pode ser considerado salário aquilo que é pago pelo empregador ao empregado como contraprestação pelo serviço prestado.

Para Delgado (2005), salário é "o conjunto de parcelas "contraprestativas" pagas pelo empregador ao empregado em decorrência da relação de emprego". Com isso, integram o salário a importância fixa estipulada, as gratificações legais e as comissões pagas pelo empregador.

Nascimento (2006) pontua que salário é "o conjunto de percepções econômicas devidas pelo empregador ao empregado, não só como contraprestação do trabalho, mas também pelos períodos em que estiver à disposição daquele aguardando ordens, pelos descansos remunerados, pelas interrupções do contrato de trabalho ou por força da lei".

De acordo com o Art. 76 da CLT (1943): – salário é a contraprestação mínima devida e paga diretamente pelo empregador a todo trabalhador, inclusive ao trabalhador rural, sem distinção de sexo, por dia normal de serviço, e capaz de satisfazer em determinada época e região do país, as suas necessidades normais de alimentação, habitação, vestuário, higiene e transporte.

Pode-se dizer que o salário é o pagamento que o empregador realiza ao empregado tendo em vista o contrato de trabalho, ou seja, é a contraprestação direta pela prestação do serviço. Todavia, não são considerados salários, as indenizações, ajuda de custo, que não excedam a 50% do valor do salário do empregado, os pagamentos de natureza previdenciária, a participação nos lucros e as gratificações pagas por mera liberalidade e sem habitualidade [29].

Note-se também que, existe uma parte da contrapartida paga ao empregado pelo trabalho que não é salário, porque pode ser paga em produtos, em serviços, ou ainda por via de terceiros. Atualmente, independentemente das legislações trabalhistas, há várias formas de uma pessoa ser paga por seus serviços, o salário é apenas uma delas.

No entanto, é evidente que existe no direito do trabalho brasileiro um valor mínimo que deve ser pago para o funcionário, conforme estabelecido pelo governo federal, o indicado pela CLT (1943), associações de classes ou sindicatos que o empregado pertence.

Por outro lado, existem outras prestidigitações que são utilizadas e permitem que o salário seja pago, são elas: por tempo de trabalho – o valor é fixo; por produção – é variável e depende exclusivamente do funcionário (o pagamento do piso salarial ou salário mínimo não é obrigatório, já que não há um limite de horas estabelecido); por tarefa (comissão) – misto, o funcionário recebe um valor fixo mais um valor por vendas, metas, desenvolvimento de projetos, entre outros.

No salário incide tributos, alguns possuem valores já fixados em lei, como é o caso da contribuição destinada a previdência social do Instituto Nacional do Seguro Social (INSS) ou outras previdências de Estados e municípios. Os encargos são calculados de acordo com parâmetros estimados, como o número de dias trabalhados durante o mês e o valor bruto do salário.

A contribuição previdenciária, com exceção dos segurados facultativos, em geral, o recolhimento é obrigatório, descontado compulsoriamente no contracheque. O percentual descontado obedece a uma tabela de alíquotas progressivas de acordo com a remuneração recebida pelo empregado (Tabela 1).

| Salário de contribuição | Alíquota |
|---|---|
| Até R$ 1.045,00 | 7,50% |
| R$ 1.045,01 até R$ 2.089,60 | 9,00% |
| R$ 2.089,61 até R$ 3.134,40 | 12,00% |
| R$ 3.134,41 até R$ 6.101,06 | 14,00% |

Tabela 1. Alíquota de contribuição previdenciária do INSS em vigor desde março de 2020

Todo trabalhador que contribui para previdência tem cobertura para alguns benefícios sociais, como a aposentadoria por idade, tempo de contribuição ou invalidez, mas apenas quem atende aos requisitos definidos pode ter acesso aos benefícios.

A contribuição é feita por empregados de carteira assinada (CLT), doméstico, contribuinte individual (empresário e autônomo), trabalhador avulso (que exerce atividade portuária), segurado especial (produtor rural) ou facultativo (que não possui renda própria, mas recolhe espontaneamente para obter os benefícios no futuro — caso da dona de casa ou do estudante).

Os recursos arrecadados pela previdência tem como principal objetivo proteger o segurado, garantindo-o a aposentadoria, além de outros benefícios, todos os benefícios dos contribuintes do INSS possuem um teto máximo, que atualmente é de R$ 6.433,57 mil (referência de 2020). Logo, mesmo que você tenha contribuído com um valor maior ao longo da vida, esse é o valor máximo que vai receber no ato da aposentadoria.

Os demais tributos que são recolhidos sobre o salário são calculados no setor de contabilidade da empresa, e/ou de Recursos Humanos (RH), quais sejam: Risco Ambiental do Trabalho (RAT), Fundo de Garantia do Tempo de Serviço (FGTS), Imposto de Renda e o Salário Educação.

A contribuição da Previdência Social garante diversos benefícios aos contribuintes ativos e inativos, dentre eles: aposentadoria por tempo de contribuição, por idade ou por invalidez; pensão por morte; auxílio-doença; salário-família; reabilitação profissional; 13º salário; auxílio-acidente; salário-maternidade e pensão para o conjugue em caso de morte do segurado.

Os encargos do RAT, FGTS e Salário Educação, garantem aos trabalhadores benefícios. O RAT, por exemplo, arca com os custos de tratamento de trabalhadores acidentados ou que adquiriram doenças ocupacionais no trabalho. É uma contribuição previdenciária específica para custear acidentes de trabalho ou doenças ocupacionais dos trabalhadores.

O FGTS serve para proteger o trabalhador em caso de demissão sem justa causa. O valor de FGTS recolhido é depositado pelo empregador em uma conta especifica na Caixa Econômica Federal, na titularidade do trabalhador, que poderá sacar o montante integral se for demitido sem justa causa, e/ou em casos específicos determinados pelo Ministério do Trabalho.

O percentual do FGTS calculado sobre o salário bruto e depositado pelo empregador, é de 8% e, não é descontado da remuneração do trabalhador. Nos casos de demissão sem justa causa, o empregador deverá arcar com uma multa no percentual de 40% sobre todo o valor depositado na conta vinculada ao FGTS do empregado.

Uma novidade que a reforma trabalhista de 2017 trouxe à baila foi o desligamento do trabalhador por comum acordo entre patrão e trabalhador, nesse caso, ele pode receber o pagamento de metade da multa de 40% sobre o saldo do FGTS e metade do aviso prévio. O trabalhador poderá ainda movimentar até 80% do valor depositado na conta do FGTS, mas não terá direito ao seguro-desemprego.

O Salário Educação tem como objetivo financiar projetos e ações de desenvolvimento do Ensino Fundamental Público, o recolhimento do salário educação é realizado pelo Fundo Nacional de Desenvolvimento da Educação (FNDE), é um tipo de contribuição social que deve ser paga por empregadores vinculados ao Regime Geral da Previdência Social, o percentual recolhido é de 2,5% sobre o total das remunerações de seus empregados, pagas ou creditadas a eles, a qualquer título [25].

Sobre o salário, a empresa está sujeita ao pagamento de encargos trabalhistas e previdenciários, além de outros adicionais e benefícios garantidos pela CLT e/ou oferecidas pelo empregador.

Quanto os encargos trabalhistas, para um salário mínimo pago mensalmente por uma empresa não optante da modalidade simples, o percentual é equivalente a 68,17% do valor do salário bruto, com a seguinte composição: férias e 1/3 (11,11%), décimo terceiro salário (8,33%), INSS por sua alíquota máxima (28,8%), INSS sobre férias e décimo terceiro (7,93%), FGTS sobre férias e décimo terceiro salário (8,00%), e FGTS calculado sobre a rescisão (4,00%) [28].

Dependendo do porte da empresa e enquadramento tributário, os encargos totais trabalhistas podem variar sobre um salário mínimo entre 33,77% (para empresas optantes pelo Simples – comércio/indústria) a 96,75% (para empresas não optantes pelo Simples) sobre um salário/hora. Veja abaixo na Figura 1 como calcular os percentuais de cada encargo tributário trabalhista.

| Encargos Sociais e Trabalhistas | (%) | (%) |
|---|---|---|
| **Encargos Trabalhistas** | | |
| 13º Salário | | 8,33% |
| Férias | | 11,11% |
| **Encargos Sociais** | | |
| INSS | 20,00% | |
| SAT/RAT até | 3,00% | |
| Salário Educação | 2,50% | |
| INCRA/SEST/SEBRAE/SENAT | 3,30% | |
| FGTS | 8,00% | |
| FGTS/Provisão de Multa para Rescisão | 4,00% | |
| Total Previdenciário | | 40,80% |
| Previdenciário s/13º e férias | | 7,93% |
| **SOMA BÁSICO** | | **68,17%** |

Figura 1. Empresa não optante pelo Simples – cálculo sobre um salário mensal

Para um empregado com salário mensal de R$ 1,5 mil, haverá um custo por parte da empresa de, no mínimo, R$ 1.013, além do próprio salário. Isso sem mencionar o pagamento de horas extras, adicional noturno, adicional de insalubridade, periculosidade, entre outros [28]. Como podemos ver, a carga tributária incidente sobre o salário é bastante considerável.

A reforma trabalhista de 2017 (Lei nº 13.467) mudou pouca coisa quanto os tributos que incidem sobre o salário, sendo sua principal alteração a extinção da compulsoriedade arrecadatória da contribuição sindical e, por consequência, encerrando sua obrigatoriedade e desnaturando seu caráter tributário.

A renumeração dos altos executivos sofre menos com a carga tributária, já que sua composição não inclui apenas a valor pelo salário, mas também pelas bonificações, vantagens, benefícios e participação nos lucros das empresas, que em alguns casos são isentos de impostos ou tem uma alíquota mais vantajosa, tanto para empresa e empregado.

Independente da alta carga tributária do país, os dirigentes de empresas precisam ter em mente que a remuneração é um fator determinante para atrair, desenvolver e reter seus melhores colaboradores. Em geral, as empresas que oferecem uma política de remuneração baseada na meritocracia e benefícios personalizados de acordo com a necessidade de cada colaborador, são as mais desejadas e buscadas por quem almeja um desenvolvimento na carreira.

Ressalte-se que uma boa política salarial alcança remunerações que não são apenas o salário propriamente dito, mas também outras vantagens, pagas geralmente apenas para quem ocupam cargos específicos ou exercem determinadas funções, e/ou recebem determinados tipos de salários.

## 3.1 Tipos de salários

O trabalho e/ou serviço desempenhado pelo trabalhador, dependendo da tarefa executada, da frequência, da natureza, da regulamentação trabalhista e do contrato firmado entre as partes (empregador e empregado), pode ser pago em condições especiais, como ser pago em produtos, em serviços, ou ainda por via de dedução de dívidas, divisão de lucro, entre outros.

Não obstante, geralmente o empregador paga o salário do empregado por meio do salário fixo ou salário variável, sobretudo em valor monetário (dinheiro). A modalidade utilizada depende muito do tipo de trabalho, da jornada de trabalho, do tempo de duração e do contrato de trabalho.

O salário fixo refere-se ao valor devido pelo empregador, já definido em contrato de trabalho, não dependendo de circunstâncias alheias, vinculado apenas à presença do empregado no trabalho, podendo se apresentar através de diversas figuras: salário base, salário mínimo, piso salarial, salário profissional, salário normativo, salário líquido e salário bruto. Entenda cada um dos tipos descritos:

## Salário base

Também chamado de salário contratual, é pago diretamente pelo empregador, é utilizado normalmente como base para os cálculos legais das verbas trabalhistas devidas, e como referência para o pagamento do profissional de classe. Esse tipo de salário é utilizado por categorias de profissionais organizados órgãos de classe, por exemplo, em conselhos.

## Salário mínimo

Fixado por lei, valor mínimo a ser recebido pelo empregado com jornada mensal de 220 horas, corrigido anualmente pelo governo federal. Com base na reforma trabalhista de 2017, a jornada diária do colaborador pode ser estendida para até 12 horas, mas deve ser assegurado no mínimo 36 horas de descanso e o limite máximo de 44 horas semanais

Quanto o reajuste do salário mínimo, o modelo adotado por lei, a partir de 2007 até janeiro de 2019, utilizava no cálculo o crescimento do PIB de dois anos anteriores e sua correção apenas pela inflação. O modelo atual que o governo federal implementou considera como referência apenas a inflação medida pelo INPC (Índice Nacional do Preços ao Consumidor).

## Piso salarial

Valor determinado pela categoria do empregado ou atividade econômica da empresa; previsto em dissídio, norma ou acordo coletivo (sindicato). Esse tipo de salário serve de referência para muitas categorias de trabalho no país, como empregados da construção civil, médicos, professores, entre outros. Ressalta-se que o piso salarial é o menor valor que uma categoria profissional pode receber pela sua jornada de trabalho.

## Salário profissional

Exclusivo para as categorias dos profissionais liberais – médicos, advogados, engenheiros, dentistas, entre outros, instituído pela legislação que regulamenta a profissão.

## Salário normativo

Valor determinado pela categoria do empregado ou atividade econômica da empresa; previsto em dissídio, norma ou acordo coletivo (sindicato). Esse tipo de salário é usado para pagamento dos colaboradores abrangidos por determinada categoria de profissionais, como os técnicos em radiologia.

## Salário líquido

Valor a ser recebido pelo empregado após os cálculos legais das verbas trabalhistas devidas: folha de pagamento, rescisão, férias, décimo terceiro; e os respectivos descontos – IRF, INSS, contribuição sindical, vale-refeição, vale-transporte, entre outros.

Valor que se apresenta nos cálculos legais antes da redução dos encargos trabalhistas e descontos devidos: folha de pagamento, rescisão, férias, 13º salário.

O salário fixo juridicamente é considerado estável, por não sofrer alteração constante no valor da parte bruta, que é a remuneração básica acertada em contrato entre empregador e empregado, pago por horas de trabalho durante um período determinado, geralmente um mês.

Em sentido oposto, o salário variável é uma retribuição fornecida pelo empregador; em dinheiro ou in natura (vantagens variáveis ou fixas), podendo ocorrer em previsão contratual ou pela prática habitualmente adotada, podendo ser em percentagem, meta, prêmio, comissão, entre outros.

O valor do salário variável a receber pelo empregado, pode variar em função do número de horas trabalhadas no mês, e/ou produção. No caso da remuneração por produção, o pagamento do piso salarial ou salário mínimo não é obrigatório, já que não há um limite de horas estabelecido. Mesmo assim, a Constituição Federal (1988) garante àqueles que recebem exclusivamente o salário variável, remuneração nunca inferior a um salário mínimo – inciso VII, art. 7º.

Por outro lado, o salário variável deve preencher alguns requisitos legais para se transformar em remuneração, pois sua constituição formal depende desses elementos, que na esfera jurídica e administrativa segue os preceitos de habitualidade, periodicidade, quantificação, essencialidade e reciprocidade. Veja na sequência a conceituação de cada um dos preceitos:

Habitualidade: entende-se por habitualidade o que é sucessivo ou contínuo, mesmo que intermitente.

Periodicidade: a remuneração apresenta em período, podendo o mesmo variar, mas certo que pagos em data pré-fixada ou após a prestação de serviço. O salário não pode ser fixado em período superior a um mês. Já comissão, gratificação ou percentagem podem ser pagos num período superior a um mês [04].

Quantificação: é da natureza da relação de trabalho que ela seja onerosa, razão pela qual poderá ser o valor quantificado.

Essencialidade: é a remuneração objeto obrigatória na constituição do contrato individual de trabalho, pois não é permitido ser gratuito.

Reciprocidade: sendo o contrato de trabalho acordo entre as partes, os direitos e obrigações estão sujeitos a ambos.

Observa-se que, não é necessário ter todos estes elementos para que o salário variável possa se transformar em remuneração, o atendimento de parte dos requisitos já pode ser suficiente para a sua caracterização, conforme prenuncia a legislação.

Todavia, doutrinariamente, no campo do emprego formal, verifica-se o atendimento de todos no direito do trabalho, principalmente em processos trabalhistas. Mas, para sua caracterização, o salário variável deve preencher apenas parte dos requisitos para se transformar e/ou ser considerado remuneração.

Outras formas jurídicas de salário presente na esfera do direito do trabalho do país, são os salários pagos em forma de benefícios sociais, que em casos excepcionais acabam substituindo a remuneração habitual recebida pelo empregado.

As principais remunerações pagas como benéficos sociais são concedidos através de aposentadoria; pensão por morte; auxílio-doença; auxílio-acidente; salário-maternidade; salário-família; reabilitação profissional; e 13º salário.

A existência desses salários é condicionada a diversos fatores que estão diretamente relacionados com o empregado dentro da organização, tempo de serviço e regularidade do pagamento dos encargos sociais da previdência, que são recolhidos pelo empregador e repassados ao INSS, além do tipo de cargos e funções.

# 4

# CARGOS E FUNÇÕES

Cargo na esfera pública, é o lugar dentro da organização funcional da Administração Direta e de suas autarquias e fundações públicas que, ocupado por servidor público, tem funções específicas e remuneração fixadas em lei ou diploma a ele equivalente [15].

Os cargos públicos são acessíveis a todos os brasileiros, e são geralmente criados por lei, com denominação própria e vencimento pago pelos cofres públicos, para provimento em caráter efetivo, temporário ou em comissão [15].

O acesso aos cargos públicos no âmbito da administração direta e indireta da União, dos Estados, do Distrito Federal e dos Municípios, é feito via concursos públicos, com provas teórica; de provas teórica e títulos; provas teórica e testes práticos; e/ou provas teórica, títulos e testes práticos.

Note-se que, contudo, para ser considerando elegível, o candidato precisa atender alguns requisitos definidos em lei e edital, entre os mais específicos estão: ter idade mínima de 18 anos até a data de posse; nacionalidade brasileira ou naturalizados (com poucas exceções), e/ou estrangeiros (nos termos da lei); escolaridade equivalente ao requerido; está em dias com as obrigações eleitorais e militares; ter certidão negativa na justiça criminal; e aptidão física e mental para o exercício do cargo (Lei nº 8.112, 1990).

Tais requisitos descritos acima, são para tomar posse em cargo público do regime jurídico dos servidores civis públicos da esfera federal. Os demais entes federados (estados, municípios e o Distrito Federal), normalmente, replicam os mesmos requisitos da lei em questão para a investidura em seus cargos públicos.

Além dos cargos administrativos públicos da administração direta (União, Estados, Municípios e o Distrito Federal), existem os cargos políticos, que são eletivos, com duração pré-determinada (4 anos); os cargos militares e do judiciário. Existem ainda os cargos públicos geridos por normas da iniciativa privada, são os cargos das empresas públicas (exemplo: Embrapa, Correios, Caixa, entre outras.) que têm seu regime jurídico contratual de trabalho baseado nas normas da CLT (1943) e suas alterações.

A administração pública direta é dividida, além dos órgãos institucionais administrativos dos três poderes, em autarquias, fundações, empresas públicas e sociedades de economia mista controladas pela União (governo federal). Os estados, municípios e o Distrito Federal, em parte, também dispõem das mesmas entidades.

O artigo 48 da Constituição Federal dispõem sobre a necessidade de lei formal para a criação de cargos e funções públicas, conferindo-lhes denominação própria, definindo suas atribuições e fixando-lhes o padrão de seus vencimentos. Atualmente, por força de lei, o chefe do poder executivo só pode criar novos cargos públicos quando indicar no orçamento a origem dos recursos financeiros necessários para cobrir as despesas decorrentes.

A Lei de Responsabilidade Fiscal – LRF (Lei nº 101, de 4 de maio de 2000) fixa limites para despesas com pessoal, para dívida pública e ainda determina que sejam criadas metas para controlar receitas e despesas. Além disso, segundo a LRF, nenhum governante pode criar uma nova despesa continuada (por mais de dois anos), sem indicar sua fonte de receita ou sem reduzir outras despesas já existentes. O objetivo da lei é permitir que o governante consiga sempre pagar as despesas, sem comprometer o orçamento ou orçamentos futuros.

## 4.1 Acúmulo de cargos

Os ocupantes efetivos de cargo, emprego ou função pública, exercidos na administração direta ou indireta da União, Estados, Distrito Federal ou Municípios, só poderão acumular cargos ou empregos públicos, seja no regime estatutário ou no regime celetista (CLT, 1943), quando for: dois cargos de professor; um cargo de professor com outro técnico ou científico; e/ou dois cargos privativos de profissionais da saúde, com profissões regulamentadas. Além disso, é preciso verificar a compatibilidade entre as jornadas exercidas, para que a acumulação seja considerada legal.

Para juízo legal e fins de acumulação, a administração pública direta ou indireta considera-se cargo técnico ou científico aquele para cujo exercício seja indispensável e predominante a aplicação de conhecimentos científicos ou artísticos obtidos em nível superior de ensino; aquele para cujo exercício seja exigida a habilitação em curso legalmente classificado como técnico, de grau ou de nível superior de ensino; e/ou o cargo ou emprego de nível médio, cujas atribuições lhe emprestam características de técnico.

Quando existir a acumulação de cargos ou empregos, a soma das jornadas dos cargos acumulados não deve exceder a 60 (sessenta) horas semanais, sendo que a compatibilidade de jornadas não se verifica apenas pela não sobreposição de horários dos dois vínculos, mas também pela verificação de intervalos razoáveis para repouso, alimentação e percurso a ser percorrido entre os locais de trabalho, ou seja, deverá haver intervalo entre as jornadas de, no mínimo, 11 (onze) horas.

Nos casos de acumulação ilegal, quando for comprovada a má-fé, o servidor está sujeito á aplicação da pena de demissão, após a conclusão do inquérito administrativo. Por outro lado, comprovada a boa-fé por meio de inquérito administrativo, o servidor poderá optar por um dos cargos, empregos ou funções.

Apenas professores em regime de trabalho de dedicação exclusiva não poderá, em nenhuma hipótese, ocupar outro cargo, emprego, função pública ou privada, inclusive atividades como autônomo (escritório, consultório), as únicas exceções são para os casos de participação em órgão de deliberação coletiva, relacionada com as funções de Magistério, participação em comissões julgadoras ou verificadoras, relacionadas com o ensino ou a pesquisa, percepção de direitos autorais ou correlatos e/ou atividades esporádicas previstas pela instituição.

Ressalta-se que, em algumas situações é permitido a ocupação de um cargo no setor público e ter um emprego no setor privado, ou ainda, exercer uma atividade comercial (como acionista, cotista ou comanditário), desde que observadas as especificações da lei nº 8.112/1990, mas não pode participar de gerência ou administração de empresa privada ou sociedade civil. Não obstante, é vedado o exercício de um cargo, emprego ou função pública, quando o postulante é considerado inapto, impedido por questões legais ou não tenha as qualificações requeridas.

## 4.2 Os cargos mais cobiçados no setor público

Os cargos mais cobiçados no serviço público são específicos da área jurídica, policial e da receita federal, entre os quais estão o juiz federal, procurador da república, procurador federal, advogado da união, procurador do banco central, procurador da fazenda nacional, defensor público federal, delegado de polícia federal, procurador do trabalho, juiz do trabalho, juiz estadual, auditor-fiscal da receita, policial rodoviário federal, analista judiciário e técnico judiciário.

A maioria dos servidores públicos estão lotados nos municípios. Não por acaso, desde a Constituição de 1988, estes têm assumido mais responsabilidades na oferta de serviços públicos ofertados à população. Já as áreas que concentram mais servidores são saúde e educação, que, por conseguinte, são também os setores que mais sofrem com falta de profissionais.

Na outra mão, também é nos municípios que os servidores recebem os salários mais baixos entre os entes federados. Os estados correspondem por cerca de 1/3, enquanto o governo federal que concentra os maiores salários dentre os cargos do funcionalismo público representa apenas 1/10 do total.

Em termos proporcionais à população do país, um em cada dez brasileiros está empregado em algum governo, que para alguns especialistas é uma média considerada normal entre países emergentes. Note-se que, na maioria das pesquisas, apenas os cargos efetivos e comissionados são contabilizados, deixando de fora os funcionários subcontratados e terceirizados.

Com base na legislação atual, as principais funções de atividades-meio do serviço público podem ser terceirizadas. No cerne do governo federal, cabe ao Ministério do Planejamento a definição de quais serviços poderão ser contratados de forma indireta. Nos estados e municípios, são os secretários de planejamento, gestores e poder legislativo que decidem.

Atualmente, a terceirização atinge atividades de assessoramento administrativo e apoio técnico ou operacional, como conservação, limpeza, segurança, vigilância, transportes, informática, copa e recepção. Os serviços considerados fim da administração direta pública não podem ser terceirizados.

Não obstante, o Decreto nº 9.507 de 21 de setembro de 2018, alterou as regras em vigor, ao substitui um decreto que estava em vigor desde 1997, pelas novas regras caberá ao Ministério do Planejamento a definição de quais serviços poderão ser preferencialmente contratados de forma indireta, nos órgãos da administração direta: autarquias, fundações, empresas públicas e sociedades de economia mista controladas pela União.

A justificativa do Ministério do Planejamento para a mudança da norma: "foi adequar uma legislação de 1997 à realidade atual, considerando regras mais rigorosas de fiscalização de contratos e da mão de obra alocada na prestação de serviço, além da adequação às boas práticas administrativas".

Em suma, o novo decreto foi editado com o objetivo de unificar os procedimentos de contratação indireta em todo o serviço público federal. Todavia, abriu precedentes para a ampliação das possibilidades de terceirização nos serviços públicos, já que não existe mais de forma expressa, no novo decreto, quais são os serviços que poderiam ser terceirizados.

A norma antiga especificava que só podiam ser objeto de terceirização, as chamadas atividades-meio dos órgãos públicos, quais sejam: as atividades como limpeza e conservação, segurança, transportes, informática, recepção, telecomunicações e manutenção de prédios e equipamentos.

A Lei nº 13.429, de 31 de março de 2017, alterou os dispositivos da Lei nº 6.019, de 3 de janeiro de 1974, e deu outras providências sobre o trabalho temporário nas empresas (responsável pela colocação de trabalhadores à disposição de outras empresas temporariamente) urbanas e as relações de trabalho na empresa de prestação de serviços a terceiros.

Vale lembrar que, o Decreto nº 9.507 (2018) em vigor, proíbe a terceirização de serviços que envolvam a tomada de decisão e nas áreas de planejamento, coordenação, supervisão e controle dos órgãos e aqueles considerados estratégicos e que possam colocar em risco o controle de processos e de conhecimentos e tecnologia do interesse nacional.

Também é vedado a contratação de forma indireta de profissionais para exercer funções que estejam relacionadas ao poder de polícia ou que sejam inerentes às categorias inseridas no plano de cargos do órgão. No entanto, a medida permite a terceirização de serviços auxiliares a essas funções, com exceção dos serviços auxiliares de fiscalização e relacionados ao poder de polícia do Estado.

A terceirização de serviços inerentes às categorias funcionais abrangidas pelo plano de cargos e carreira de empresas públicas e sociedades de economia mista controladas pelo governo, não é permitida, apenas para demandas de caráter temporário ou se houver a impossibilidade de competir no mercado em que a empresa está inserida.

## 4.3 Cargo x profissão

O cargo tem relação com a qualificação profissional recebida nas instituições de ensino, geralmente, em escolas técnicas e universidades. É a profissão de ofício ocupada por trabalhadores do setor público e privado. É o que faz o profissional que ocupa determinado cargo, ou seja, é o desempenho de sua função de trabalho. Comumente, os termos: cargo, função e formação profissional são entendidos como sendo sinônimos, mas têm significados diferentes.

Para ocupar um cargo, seja no setor público ou privado, usualmente, exige-se uma formação específica, além das habilidades de formação e experiência profissional. Em outras palavras, cada cargo tem a descrição do perfil profissional desejado, por exemplo, a vaga para um administrador de banco de dados relaciona como requisitos básicos: formação desejada – graduação em ciências da computação, engenharia da computação, graduação em banco de dados ou sistemas de informação.

A titulação acadêmica é utilizada erroneamente por muitos profissionais como sendo sua profissão de trabalho, contudo, nem sempre o profissional ocupa o cargo com denominação igual à graduação que estudou. Por exemplo, um trabalhador que atua no setor público como analista financeiro e assumiu o cargo com formação requerida em administração ou economia, e sua função é fazer análises financeiras e planejamentos, logo não atua como administrador ou economista.

Quando esse funcionário público for questionado qual sua profissão, em situações corriqueiras de preenchimento de questionários, ele certamente vai dizer: – "sou economista" ou "sou funcionário público", contudo, a forma correta seria: – eu sou analista financeiro. Afinal é a função que ele exerce, ou seja, é sua profissão. Ressalta-se que, ele também poderia ser enquadrado também como funcionário público de carreira.

Lembra-se do outro exemplo? Para ocupar o cargo de administrador de banco de dados, pedia-se uma titulação que não tem uma graduação com o mesmo nome. Em alguns casos, o cargo pode coincidir com a titulação acadêmica, mas dificilmente a função tem apenas uma atribuição.

Algumas funções são bem genéricas, como as do cargo de clínico geral, por exemplo, este profissional geralmente apenas prescreve, dirimindo-se das responsabilidades de fazer intervenções cirúrgicas, partos e exames de grande complexidade.

No âmbito da administração pública, a função é a atividade em si mesma, ou seja, função é sinônimo de atribuição e corresponde às inúmeras tarefas que constituem o objeto dos serviços prestados pelos servidores públicos. Nesse sentido, fala-se em função de apoio, função de direção e função técnica. O sistema funcional, contudo, admite uma situação anômala denominada função gratificada, pela qual o servidor sem vínculo permanente percebe remuneração pelo desempenho da atividade [15].

Dando sequência, como já foi relatado, alguns cargos têm remunerações variáveis, tão como algumas funções profissionais também têm. Essas remunerações são definidas e já instituídas por legislação específica em vigor. Entre os setores público e privado, é difícil distinguir qual tem as melhores remunerações para cargos iguais, visto que as funções se diferem em ambos.

No entanto, vale lembrar que, em alguns casos específicos, os melhores salários são pagos pelo setor privado, exemplo, dos altos cargos gerenciais de grandes empresas multinacionais, além de médicos, pilotos de avião e atletas de alta performance. No setor público, merece destaque, os cargos de motoristas, secretárias e garçons lotados no Senado, que recebem salários descolados da realidade da categoria.

A estrutura de salários do setor público é irracional. De acordo com Coronato e Imércio (2014) Ela atende a pressões políticas, não à importância do serviço, à qualidade dele ou ao nível de instrução e conhecimento do funcionário. "A definição de quem ganha mais foi feita respondendo a grupos de pressão durante décadas.

Em algumas instituições públicas, por exemplo, cargos de baixa escolaridade como motorista ou de uma secretária do Instituto de Pesquisa Econômica Aplicada - Ipea (R$ 4.930), que exigem apenas o ensino médio, ganham mais que professor com doutorado no magistério (R$ 4.649).

A administração baseada na meritocracia e autonomia funcional dos colaboradores, muito praticada nas empresas que nasceram na Terceira Revolução Industrial, é uma tendência nas grandes empresas multinacionais e startups. No âmbito governamental ainda é visto como espanto.

Essas empresas têm como mola precursora o conhecimento científico, e são atualmente as que mais contribuem com novas mudanças nas formas de trabalho entre empregado e empregador. Como contribuição para o mercado de trabalho, tem-se também, a adição de novos cargos e redesenho de funções de cargos antigos, tão como a criação de novas profissões.

As novas profissões e cargos que surgiram estão sendo assimiladas rapidamente pelo mercado, como o analista de mídias sociais, influenciador digital, o CEO, youtuber, tutor virtual, coaching, personal staller, freelancer online, desenvolvedor mobile, arquiteto de redes, chef cozinheiro home office, entre outras.

## 4.4 Profissões

Cada vez mais as profissões tradicionais não refretem mais as necessidades do mercado de trabalho. Os novos profissionais que as empresas estão precisando no momento, nem existe formação específica disponível, assim como os profissionais que estão saindo das universidades não têm as competências para ocupar os cargos oferecidos pelas empresas na atualidade.

Os avanços tecnológicos têm desencadeado a rápida automação dos processos, a produção sob demanda, mudança nas relações sociais e de trabalho, além da extinção de cargos e profissões centenárias.

Tais avanços, segundo Pereira e Cunha (2007) vêm permitindo uma expansão da troca de informações entre os agentes individuais e coletivos. Ações antes planejadas apenas com interesses locais são, nessa nova ordem mundial, discutidas a partir de uma ótica nacional e internacional. Do ponto de vista econômico, verificam-se novas práticas de produção, comercialização e consumo de bens e serviços, competição entre instituições e uma maior intensidade no uso da informação. No campo social, têm-se modificações sensíveis nas relações, na forma e no conteúdo do trabalho com implicações no fazer dos profissionais.

Por isso, as instituições de ensino devem se reinventar e mudar sua forma de percepção das demandas da sociedade. O mercado de trabalho é dinâmico e pulsante por inovação. Prevê e antecipa-se as novas mudanças é essencial para não perder o bonde do desenvolvimento econômico e inovação.

Informação e conhecimento sempre foram ao longo da história, essenciais ao processo de desenvolvimento humano. A massificação das tecnologias de informação, permitiu o acesso rápido à informação, tão como a produção de novos conhecimentos, que por sua vez, gera novas maneiras cada vez mais ágil de utilização.

O desenvolvimento tecnológico vem provocando mudanças sensíveis no perfil de profissionais de diversas áreas do conhecimento. Essas transformações são constantes e evoluem de forma acelerada. É neste cenário de transformações sociais, econômicas e culturais que as profissões se fortalecem ou deixam transparecer suas fragilidades [27].

O termo profissão é originário da palavra latina *profesione* e remete ao ato ou efeito de professar. Infere a este termo um sentido de confissão pública de uma crença, sentimento, opinião ou modo de ser, conduzindo à concepção de uma atividade ou ocupação especializada, que requer preparo e formação [30].

Nessa perspectiva, a profissão é representada por um profissional que apresenta-se à sociedade como portador de um conhecimento específico, seja empírico ou acadêmico, suficiente para realizar uma tarefa ou múltiplas. A especialização profissional em uma determinada área, geralmente, usa-se para caracterizar uma profissão.

Para Freidson (1998), as profissões são uma especialização do trabalho, que evolui através de uma certificação dada por uma educação formalizada. Segundo este autor, as ocupações se diferenciam das profissões por não necessitarem desta certificação formal e por não manterem compromisso com o desenvolvimento científico profissional.

As profissões ditas imperiais, tais como médicos, engenheiros e advogados, para seu exercício profissional, exigi-se formação acadêmica específica, ou seja, uma certificação de um curso de graduação universitária. Conforme Pereira e Cunha (2007) Esta formação dará ao grupo, seu status profissional. Porém, a competência na aplicação do conhecimento e a coerência do discurso da categoria é que garantirá a permanência deste status.

A formação de uma identidade profissional perpassa um ponto mais amplo, como a inserção destes profissionais na sociedade em que vivem. A consolidação de uma identidade caracteriza-se também por fatores exógenos à própria categoria profissional. Neste sentido, uma abordagem sobre o processo de formação e consolidação de uma categoria profissional aponta dois sentidos. Por um lado, privilegia-se os aspectos inerentes à própria categoria profissional, centrando sua análise nas relações internas. [...] Por outro lado, algumas análises apontam a identidade profissional derivada do contexto ao qual fazem parte. Destacando assim, a ação do contexto sobre os indivíduos. Este tipo de abordagem favorece uma interpretação baseada em fatores externos à própria ação dos atores sociais envolvidos [23].

Assim, as transformações decorrentes da evolução dos meios de trabalho, avanços tecnológicos, questões sociais e econômicas, podem resultar em fatores preponderantes no contexto da formação de uma profissão. Na verdade, as profissões surgem a partir das novas demandas da sociedade e o mercado de trabalho.

# 5

## CONSIDERAÇÕES FINAIS

O salário é uma espécie do gênero remuneração. Na verdade, salário é sempre remuneração, mas remuneração nem sempre é salário. Isto porque existem outras formas de remunerações, onde o empregado recebe bens ou serviços como parte da contrapartida de seu trabalho.

Sobre esse tipo de remuneração também podem incidir os encargos sociais do contrato de trabalho, sejam previdenciários ou aqueles pagos diretamente ao trabalhador, como férias e 13º salário.

O empregador deve tomar especial cuidado e monitorar a média de ganhos variável do empregado para fazer o cálculo certo na hora de pagar. Por outro lado, ele também precisa conhecer os tipos de remuneração existentes, e mais ainda as que podem incidir os encargos sociais tributários.

A remuneração abrange além do pagamento do salário, outros benefícios remuneratórios, como ajuda de custo, as gorjetas, gratificações, participação no lucro e resultados, adicionais, abonos, entre outros.

Portanto, cabe ao empregador e os gestores de pessoas (RH) conhecerem todos os trâmites da legislação trabalhista adotada no país, pois o trabalhador mal pago produz menos, é inseguro e insatisfeito em quanto o emprego, não tem prazer naquilo que faz, não se sente fazer parte da empresa, fala mal da empresa, dos gerentes, dos colegas e do salário, além de ficar insatisfeito.

Ademais, o trabalhador mal pago não se atualiza nem muito menos usa a sua criatividade para melhorar sua atuação e resultados. Por outro lado, quando são bem remunerados, os empregados sentem-se mais confiantes e valorizados, por conseguinte, desempenham melhor suas funções, maximizando a sua contribuição individual para o sucesso da organização.

Os funcionários bem pagos são mais criativos, tem bom relacionamento interpessoal e produz mais e melhor. O reconhecimento profissional é essencial para manter o empregado comprometido e motivado.

O novo mercado de trabalho está desconstituindo a sociedade salarial que a gente conhecia, e com isso teremos uma sociedade diferente daquela que foi a sociedade urbana industrial, a expansão do emprego busca competências que não são específicas, mas profissionais com capacidade de elaboração de soluções e raciocínio crítico, analítico, competência emocional, visão e atuação sistêmica.

À vista dessas questões, as interações entre empregador e empregado se tornaram mais flexíveis e indiretas, tão como o fator salário deixou de ser a principal motivação para muitos profissionais jovens que buscam trabalho. A preferência recaí sobre as organizações mais flexíveis e inovadoras.

Nesse cenário, alguns fatores intrínsecos são mais considerados que outros, como a oportunidade de crescimento na carreira, flexibilidade para cumprir carga horária de trabalho, autonomia para produção/criação, ambiente de trabalho dinâmicos e funcionais, entre outros.

As mudanças em curso no mercado de trabalho brasileiro, estão exigindo cada vez mais dos funcionários uma maior adaptação a mudanças e qualificação multivariada para exercer suas atividades, além de aperfeiçoamento frequente.

Enfim, estamos vivendo uma transição da era industrial para a sociedade de serviços, com destaque para as empresas de cunho social e sustentáveis, negócios colaborativos, comunicação e informação. Nesse sentido, entender as mudanças do ambiente externo é essencial, uma vez que estas podem impactar na remuneração e salário dos colaboradores.

# REFERÊNCIAS

[01] ARAÚJO, L. C. G. Gestão de pessoas: estratégias e integração organizacional. São Paulo: Atlas, 2006.

[02] BERGUE, S. T. (2007). Gestão da Remuneração em Organizações Públicas: Limites e Possibilidades para a Assimilação de Modelos do Setor Privado. Disponível em:<Microsoft Word - ENGPR210-1.doc (anpad.org.br)>. Acesso: 22 de jan. 2021.

[03] BRASIL. Consolidação das leis do trabalho - Decreto-lei n.º 5.452, de 1º de maio de 1943.

[04] _____. Lei nº 1.999 de 1 de outubro de 1953. DOU de 7/10/1953.

[05] _____. Lei nº 8.884, de 11 de junho de 1994. Disponível em: <http://www.planalto.gov.br/ccivil_03/leis/l8884.htm>. Acesso em: 03 jan. 2021.

[06] _____. Constituição da República Federativa do Brasil. Brasília, DF: Senado Federal, 1988.

[07] _____. Lei nº 8.112, da 11 de dezembro de 1990. Disponível em:

<http://www.planalto.gov.br/ccivil_03/leis/l8112cons.ht m>. Acesso em: 03 jan. 2021.

[08] _____. Decreto nº 3.048 de 06 de maio de 1999. DOU de 7/05/1999.

[09] _____. Lei Complementar nº 101, de 4 de maio de 2000. Disponível em: <http://www.planalto.gov.br/ccivil_03/leis/lcp/lcp101.ht m>. Acesso em: 03 jan. 2021.

[10] _____. Lei nº 13.429, de 31 de março de 2017. Disponível em: <http://www.planalto.gov.br/ccivil_03/_ato2015-2018/2017/lei/l13429.htm>. Acesso em: 03 jan. 2021.

[11] _____. Decreto nº 9.507, de 21 de dezembro de 2018. Disponível em: <http://www.planalto.gov.br/ccivil_03/_ato2015-2018/2018/decreto/D9507.htm>. Acesso em: 03 jan. 2021.

[12] CORONATO, M.; IMÉRCIO, A. Revista Época. Brasil gasta demais com funcionários públicos. Disponível em: <https://epoca.globo.com/ideias/noticia/2014/10/brasil-gasta-demais-com-bfuncionarios-publicosb.html>. Acesso em: 03 jan. 2021.

[13] CHIAVENATO, I. Recursos Humanos: o capital humano das organizações. São Paulo: Atlas, 2006.

[14] CNJ, Conselho Nacional de Justiça. (2018). CNJ restringe pagamento do auxílio-moradia a casos excepcionais. Disponível em:<https://www.cnj.jus.br/cnj-restringe-pagamento-do-auxilio-moradia-a-casos-excepcionais/>. Acesso em: 22 mar. 2021.

[15] CREA-PR, Conselho Regional de Engenharia e Agronomia do Paraná. Ocupação de cargos, empregos e funções na Administração Pública. (2018). Disponível em: <http://www.crea-pr.org.br>. Acesso em: 03 nov. 2018.

[16] DELGADO, M. Godinho. Curso de direito do trabalho. 4 ed. São Paulo: LTR, 2005, p. 206.

[17] DORNELLES, M. I. C. TRT 4ª R. RO 00076.941/94-9 - 3ª T. J. 30.03.2000.

[18] DUTRA, M. V. TRT 4ª R. RO 00398.029/96-2 - 6ª T. J. 09.11.2000.

[19] FREIDSON, E. Renascimento do profissionalismo: teoria, profecia e política. São Paulo: Editora da Universidade de São Paulo, 1998.

[20] FREITAS, M. TST, RR 18.448/90.2. Ac. 3ª T. 3.970/1991.

[21] GOULART FILHO, O. S. TR T4ª R. RO 00081.871/91-1 - 6ª T. J. 10.8.2000.

[22] LOPES, I. D. Salário e remuneração. Disponível em: <http://recantodasletras.uol.com.br/artigos/839622>. Acesso em: 22 fev.2017.

[23] MARTINS, M. L. (2005). A Formação da Identidade e do Projeto de Sociedade dos Engenheiros Brasileiros: da marginalização política à hegemonia dentro do Estado. Revista Virtual de História, v. 26, p. 1/3-15.

[24] MINAMIDE, C. H. Sistemas de remuneração tradicionais e a remuneração estratégica. [2014]. Disponível em: <http://carreiras.empregos.com.br/>. Acesso em: 22 set. 2018.

[25] MOYA, L. Os encargos incidentes sobre a folha de pagamento. (2004). Disponível em: < http://www.guiatrabalhista.com.br/noticias/encargosfol hapagamento.htm>. Acesso em: 03 nov. 2018.

[26] NASCIMENTO, A. M. Curso de direito do trabalho. São Paulo: Saraiva, 2006.

[27] PEREIRA, E. A. J.; CUNHA, M. V. (2007). Reflexões sobre as profissões. Encontro de Biblioteconomia. Revista Eletrônica de Biblioteconomia, Florianópolis, n. 24, p. 44-58, 2º semestre.

[28] SALOMÃO, J. F. O pecado original de empregar. (2010). Disponível em: <https://www.inteligemcia.com.br/o-pecado-original-de-empregar/>. Acesso em: 03 nov. 2018.

[29] TADEU, L. Salário e remuneração. Disponível em: < https://www.jurisway.org.br/cursos/>. Acesso em: 03 out. 2018.

[30] TARGINO, M. G. Quem é o profissional da informação?. Transinformação, Campinas, v. 12, n. 2, p. 61-69, jul-dez. 2000.

[31] TST, Tribunal Superior do Trabalho. (2003). Súmula nº 78: gratificação. Disponível em:<https://www.tst.jus.br/sumulas>. Acesso em: 22 mar. 2021.

[32] _____. (2007). Súmula 354. Disponível em:<http://www.tst.jus.br/sumulas>. Acesso em: 22 set. 2018.

[33] _____. (2012). Súmula nº 444 do TST: Jornada de trabalho. Disponível

em:<https://www.tst.jus.br/sumulas>. Acesso em: 22 mar. 2021.

[34] ZANOTTO, D. Considerações gerais sobre remuneração e salário. Universidade Luterana do Brasil - (Monografia). Canoas – RS: ULB, 2008.

www.ingramcontent.com/pod-product-compliance
Lightning Source LLC
Chambersburg PA
CBHW070403220526
45467CB00001B/463